闇のなかに光は輝き

クリスマスの黙想 24

平野克己［編］

日本キリスト教団出版局

装幀／本文レイアウト

Logos Design
長尾 優

黙想への招き

　画家たちは、一枚の絵を仕上げるまでに、どれほど長い時間を費やすのでしょう。信仰者たちは、一片の言葉を紡ぐため、どれほど深く思いめぐらすのでしょう。それでも、神が人となった神秘と、その神秘のよろこびを表現し尽くすことはできません。

　クリスマスの出来事は、この世界の希望であると同時に、この私のよろこびです。ですから、誰かの絵や言葉だけでは完結しません。それはきっと、神の言葉は今なお、私たちのあいだで「肉」となることを待っているからなのでしょう。

　罪と死と暴力がこの世界を覆っています。

　しかし、クリスマスの日、神の子イエス・キリストがお生まれになりました。父なる神は、命そのもの、光そのものである主イエスを、この世界のただ中で私たちがよろこび、クリスマスを祝い続けることを待っていてくださいます。

　この本を開き、美術館を歩くように一枚の絵、一片の言葉の前でゆっくり留まってください。それぞれの絵と言葉が扉となり、今あなたがいるその場所で、黙想の旅が始まりますように。

平野克己

人よ、目覚めなさい。

あなたのために神は人となったのです。

*

（アウグスティヌス／354~430年）

キリストのこの世に来(きた)り給(たま)いしは

平和を来たすためであります。

*

（内村鑑三／1861〜1930年）

わたしたちの主イエス・キリスト、

神のことばは、

その大きな愛によってわたしたちを

彼自身のようにまったきものとするために、

わたしたちと同じものになられました。

*

（エイレナイオス／130/40年頃～202年頃）

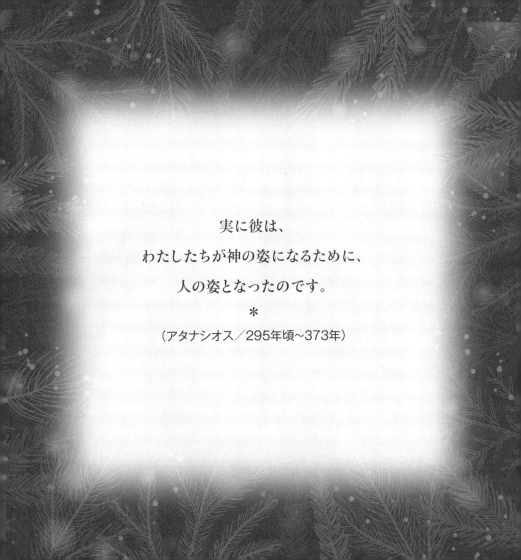

実に彼は、
わたしたちが神の姿になるために、
人の姿となったのです。
*
(アタナシオス／295年頃～373年)

わたしは、
あなたがたのこれほど大きな罪をいやしたいと考え、
わたしの「子」を橋として与えた。
あなたがたが、それを通って、
おぼれないで河
──暗い生命のあらしに満ちた海──
を渡ることができるようにするためなのです。

*

（シエナのカタリナ／1347〜80年）

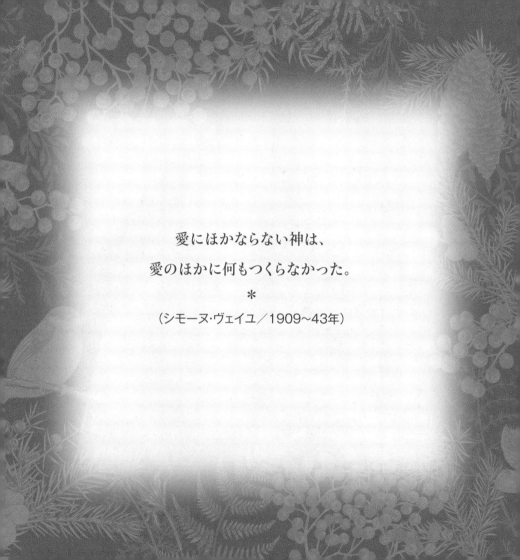

愛にほかならない神は、

愛のほかに何もつくらなかった。

＊

（シモーヌ・ヴェイユ／1909〜43年）

時が満ちて、イエスが来られました。

イエスは、時が満ちて再び来られます。

キリストであるイエスがおられるところに、

時は満ちてきます。

＊

（ヘンリ・ナウエン／1932〜96年）

神のことばは、一回だけ肉において、

すなわち人間の姿でお生まれになりました。

それは、

常に霊において生きたいと願っている

人びとのためでした。

＊

（証聖者マクシモス／580年頃～662年）

わたしたちが新たに生まれるために、
キリストは生まれることを
望まれたのである。
＊
（マルティン・ルター／1483〜1546年）

今日、このろうそくのともし火を

あたたかく明るく輝かせてください。

あなたがわたしたちの暗闇に

もたらしてくださったこのろうそくを。

できることなら、

わたしたちを一つに集めてください。

わたしたちは知っています。

あなたの光は夜でも輝くということを。

＊

（ディートリヒ・ボンヘッファー／1906〜45年）

神のことばは人となりました。
それは人がどのように神になるかを
人から学ぶためだったのです。
＊
（アレクサンドリアのクレメンス／150〜215年頃）

われわれは、

ただイエス・キリストによってのみ

神を知るばかりでなく、

イエス・キリストによってのみ

われわれ自身を知る。

＊

（ブレーズ・パスカル／1623〜62年）

キリストがベツレヘムに

千回も生まれたもうたとしても、

あなたのうちに生まれないのであれば、

あなたは

永遠に失われたままです。

＊

（アンゲルス・ジレージウス／1624〜77年）

「恵みと真理とに満ちていた御父の独り子」を

産んだ方が、

他のすべての者にまさって

大いなる恩寵の特別の賜物を

授けられたと信じるのはふさわしい。

ここからして、天使は彼女に

「おめでとう、恵みにみちた方」と挨拶したのです。

＊

（トマス・アクィナス／1225年頃〜74年）

ああベトレヘムの聖なる御子よ、

わたしたちのうちに降ってくださいますように。

わたしたちの罪を退けて

わたしたちのうちにおいでになり、

今日、わたしたちのうちに生まれてください。

＊

（賛美歌「ああベトレヘムよ」より）

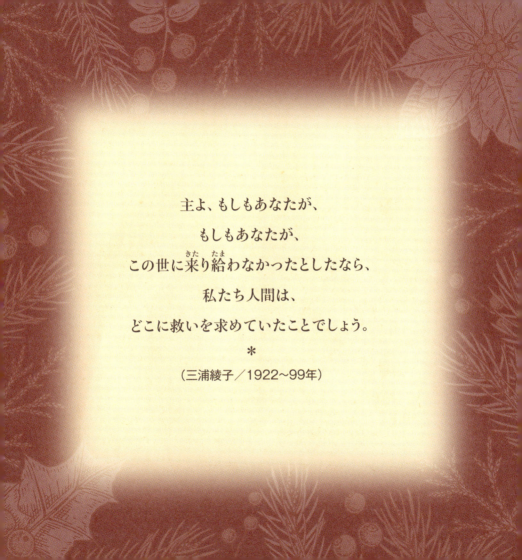

主よ、もしもあなたが、

もしもあなたが、

この世に来り給わなかったとしたなら、

私たち人間は、

どこに救いを求めていたことでしょう。

＊

（三浦綾子／1922〜99年）

幼児が母にほほえみかけるのは、
何日も何週間も母が幼児にほほえみかけたから。
いのちの奥底から、
キリストの御顔が、
母のように、父のように
わたしたちにほほえみかけている。
*
（ハンス・ウルス・フォン・バルタザール／1905～88年）

あなたのまぶねのそばにわたしは立っています。

ああイエス、わたしのいのちよ。

わたしは御許にきてささげます、

あなたがくださったものを

お受けください、

わたしの霊とおもい、心と魂そして願いを。

すべてを受け入れ、よろこびとしてください。

＊

（賛美歌「まぶねのかたえに」より）

愛

うつくしいこころがある

恐れなきこころがある

とかす力である

そだつるふしぎである

＊

（八木重吉／1898〜1927年）

森蔭のうちに、きつねには穴があり、

鳥には巣があるが

ああ神の子よ、

あなたの寝床はガリラヤの荒れ野。

ああ主なるイエスよ、

あなたのための場所があるわたしの心に

おいでください。

＊

(賛美歌「冠も天の座も」より)

あなたの愛する御子、

わたしたちの救い主イエス・キリストにおいて、

わたしたちが完全にあなたのものとなるために、

あなたは、御自身そのものを

わたしたちに贈ってくださいました。

＊

（カール・バルト／1886〜1968年）

神はわたしたちのなかに、

いつでもご自分を現そうと

準備なさっています。

*

（フローレンス・ナイチンゲール／1820〜1910年）

正義の神に背いた罪人は、

慈悲ぶかい神の

心やさしい母のもとに逃げなさい。

母に背いた罪人は、

憐れみぶかい母の

心やさしい御子のもとに逃げなさい。

＊

（カンタベリーのアンセルムス／1033～1109年）

羊飼いが見た天使は、

わたしたちも見ることができる。

天使たちは、

クリスマスの夜いつも空を飛んでいるから。

わたしたちがそれを天使だと分かれば。

＊

（セルマ・ラーゲルレーヴ／1858〜1940年）

所収絵画・テキスト一覧

4–5頁　ジョット・ディ・ボンドーネ「東方三博士の礼拝」
　　　　／アウグスティヌス「説教185」より

6–7頁　ベルンハルト・シュトリーゲル「受胎告知」
　　　　／内村鑑三「クリスマス演説　平和と争闘」（1902年）より

8–9頁　ジョルジュ・ド・ラ・トゥール「新生児」
　　　　／エイレナイオス「異端反駁5」序文より

10–11頁　ジェンティーレ・ダ・ファブリアーノ「東方三博士の礼拝」
　　　　／アタナシオス「神のことばの受肉」54項より

12–13頁　ジェンティーレ・ダ・ファブリアーノ「東方三博士の礼拝」（裾絵）
　　　　／シエナのカタリナ「対話」より

14–15頁　フラ・アンジェリコ「受胎告知」
　　　　／シモーヌ・ヴェイユ『重力と恩寵』より

16–17頁　ロレンツォ・コスタ「キリスト降誕」
　　　　／ヘンリ・ナウエン『今日のパン、明日の糧』より

18–19頁　ジョヴァンニ・ディ・パオロ「東方三博士の礼拝」
　　　　／証聖者マクシモス『神学と摂理についての断章』より

20–21頁　フラ・アンジェリコ「受胎告知」
　　　　／マルティン・ルター『ルター教会暦説教集』より

22–23 頁 ヘラルト・ファン・ホントホルスト「羊飼いの礼拝」
　　　　／ディートリヒ・ボンヘッファー『獄中詩篇』より
24–25 頁 マリオット・ディ・クリストファノ「東方三博士の礼拝」
　　　　／アレクサンドリアのクレメンス『ギリシア人への勧告』より
26–27 頁 フラ・アンジェリコ「キリスト降誕」
　　　　／ブレーズ・パスカル『パンセ』548 より
28–29 頁 ジョット・ディ・ボンドーネ「エジプトへの逃避」
　　　　／アンゲルス・ジレージウス『瞑想詩集』より
30–31 頁 シモーネ・マルティーニ／リッポ・メンミ「聖女マルガリータと聖
　　　　アンサヌスのいる受胎告知」
　　　　／トマス・アクィナス『神学大全』第 3 部より
32–33 頁 ジョット・ディ・ボンドーネ「東方三博士の礼拝」
　　　　／賛美歌「ああベトレヘムよ」より
34–35 頁 ヴィットーレ・カルパッチョ「受胎告知」
　　　　／三浦綾子『祈りの風景』より
36–37 頁 フィリッポ・リッピ「幼児キリストの礼拝」
　　　　／ハンス・ウルス・フォン・バルタザール『愛だけは信じられる』
　　　　より
38–39 頁 アルブレヒト・デューラー「東方三博士の礼拝」
　　　　／賛美歌「まぶねのかたえに」より
40–41 頁 サンドロ・ボッティチェッリ「チェステッロの受胎告知」
　　　　／八木重吉『八木重吉全詩集 2』より

42–43頁 レンブラント・ファン・レイン「エジプトへの逃避」
　　　　　／賛美歌「冠も天の座も」より
44–45頁 ルカ・ディ・トメ「東方三博士の礼拝」
　　　　　／カール・バルト『カール・バルト説教選集11』より
46–47頁 エル・グレコ「受胎告知」
　　　　　／フローレンス・ナイチンゲール『真理の探究』より
48–49頁 グイド・ダ・シエナ「キリスト降誕」
　　　　　／カンタベリーのアンセルムス『祈りと瞑想』より
50–51頁 フーゴー・ファン・デル・グース「ポルティナーリ祭壇画」
　　　　　／セルマ・ラーゲルレーヴ「聖なる夜」より

平野克己（編）

1962年生まれ。国際基督教大学卒業。東京神学大学大学院修士課程修了。日本基督教団阿佐ヶ谷教会、金沢長町教会を経て、現在、代田教会牧師。 説教塾全国委員長。2003、2013年にデューク大学神学部で客員研究員として過ごす。

【編著書】『輝く明けの明星——待降と降誕の説教』『祈りのともしび—— 2000年の信仰者の祈りに学ぶ』（以上、日本キリスト教団出版局）ほか。

【訳書】W. H. ウィリモン＆ S. ハワーワス『主の祈り』、W. H. ウィリモン『洗礼』（以上、日本キリスト教団出版局）ほか。

翻訳協力：宮本久雄 o.p.

平野克己 編
闇のなかに光は輝き クリスマスの黙想 24

2024年10月25日　初版発行

ⓒ平野克己 2024

発行　　日本キリスト教団出版局
　　　　169-0051
　　　　東京都新宿区西早稲田2丁目3の18
　　　　電話・営業 03（3204）0422
　　　　　　編集 03（3204）0424
　　　　https://bp-uccj.jp

印刷・製本　三秀舎

ISBN978-4-8184-1173-9 C0016　日キ販
Printed in Japan

日本キリスト教団出版局の本

シリーズ　聖書美術館

祈りの美術館　丹治めぐみ 訳

古代から現代までの選りすぐりの祈りに、名画を配した信仰と美術の調和の世界。アッシジのフランチェスコら50篇の祈りと54点の名画を収録。祈りの生活の同伴者に。

四六判変形、96頁、2000円

イエスの言葉の美術館

いつの時代も色褪せることなく人々の心を動かすイエスの言葉。特に印象深い言葉を厳選し、巨匠たちの絵画で彩る。イエスの力強い言葉と名画が美しい世界を作り出す。

四六判変形、80頁、2000円

詩編の美術館

賛美・祝賀・嘆願・黙想の主題ごとに32篇の詩編と33点の名画を収録。深い祈りにみちた詩編の言葉と名画によって、さらなる信仰の世界が開かれてゆく。

四六判変形、80頁、2000円

知恵の言葉の美術館

人生の様々な場面で心に響く聖書の言葉。時を超えて深い示唆を与えてくれる格言を、箴言やコヘレトの言葉、雅歌などから厳選。世界屈指の名画が、新しい輝きを与える。

四六判変形、80頁、2000円

価格は本体価格です。重版の際に変わることがあります。